System irrelevante Texte

AF307585

Soziale Kontakte

Hans-Jürgen Hilbig

SOZIALE KONTAKTE

Gedichte

Für Peter

ich schweige
ja
ich schweige
ich durchtrenne das schweigen nicht
es ist
wie nach einer langen saison
wir machen pause

Elke erzählt

sie lag neben mir
nur auf der anderen
seite
ihr kopf war da
wo meine füße
sein sollten und ihre füße
lagen neben meinem kopf
sie hätte sich gerne ausgestreckt
aber dazu hätten wir eine größere matratze
gebraucht
lächerlichkeiten
wir lagen nebeneinander und sie konnte nicht
schlafen
es war einer dieser sonntage von denen es nicht
wenige gab
wir existieren nicht mehr für die da draußen
die da draußen machten ihr ding
trugen masken
fürchteten sich
aber wir waren weit vom schuss
nur manchmal durften wir zu ihnen
wenn wir es ihnen besorgen sollten oder irgendeinen
mist
den man dem leser um die ohren schlägt
damit er weiß
ach darum geht es
ich verstehe
tina und ich lagen nüchtern auf der matratze
sie fragte mich
was realität sei und ich hatte keine lust darauf
zu antworten
deshalb sagte ich

es ist als hätten man durchfall aber kein
toilettenpapier
tina war irgendwer
sie konnte einen körper zerlegen
sie konnte machen dass er verschwand
was ging mich das an
sie war da
ich schmiss sie nicht raus
wir bewegten uns in der selben szene
manchmal war sie tagelang nicht da
ich starrte die decke an und dachte
decke
es war komisch
decke
zu denken
irgendwann kam sie wieder
erzählte mir von den typen
der sie verarscht hatte
sprach von den lächerlichen
gläsern in denen gebisse schwammen

*

wir sahen aus dem fenster
unserer luxussuite
das war ein scherz
ihr habt keine ahnung wie wir wohnten
wir wohnten eigentlich nicht
wir schlichen von zimmer zu zimmer
es war einfach eine komische zeit
in unserem viertel standen so viel häuser leer
hier sollte eine große quaräntenestation gebaut
werden
eine in der es sogar möglichkeiten gab sich
fortzubilden
es sollte
bewerbungstraining geben
dieses ganze zeugs eben, dass kein mensch
brauchte
außer die
die es nötig hatten
also wir
die pläne kamen irgendwie ins stocken
keine ahnung
vielleicht lags dran dass sich zu wenig
krankmeldeten
keine ahnung
uns war es jedenfalls recht
einmal hatte tina ein date
sie wollte nicht hin
sie fragte mich
was für ein blödsinn, sagte ich
aber ihm gehört die zukunft, der hat alles
ich sah durch sie hindurch
sah einen sumpf und eine hand

die sich nach mir ausstreckte
kein interesse, sagte ich, warum gehst
du nicht hin
ich bin zu klein, ich bin zu dumm, ich kann
ihm ja nicht mal sagen, was ich gerne mag
beim sex
aha, du redest jetzt schon über sex, meine güte
wo bin ich hingeraten
tu nicht so
ich sah weiter durch sie hindurch
sah eine hand die sich nach dem sumpf
ausstreckte
es war ein kinderspiel
bis man nicht mehr atmen konnte
es waren zwei verschiedene szenen derselben hand
hatte die hand einen sinn oder war sie nur zum
ausstrecken da
jemand lag finster hinter den wänden
man konnte ihn atmen hören
wer ist das, fragte ich
das ist eduard, er schreibt gedichte
war klar dass er gedichte schreibt, wer unten ist
schreibt gedichte und
verdrischt sie später mit einem baseballschläger
gehst du nicht hin, fragte sie
ich geh hin sagte ich…

*

ich kannte mal einen, meinte er
der war gar nicht der von dem er sagte
dass er es war
als es rauskam, verstehst du, war er
genauso geschockt wie wir alle und
weißt du, meinte er und sah mich an
wie man am tag im hellen eine eule
betrachtet die jemand gezeichnet hat
wir alle fingen uns damit auf
dass wir uns sagten
dass so etwas jeden passieren kann,
jeder kann mit einer falschen identität herumlaufen
ja verstehst du
wer kann schon wissen wer man wirklich ist
wo fängt man da an und wo hört es auf
ich sah ihn an
tina hatte gelogen
es war nicht der reichste mann der stadt
er war irgendein garant dafür
dass man das pech nicht aus den augen verlor
wir aßen selbstgemachte fritten
er hatte zwei kerzen mitgebracht
aber es war ihm deutlich anzumerken
dass er die nicht verbrauchen wollte
ich sitz oft an den eisenbahnschien, sagte ich
er sah mich an
ich sah durch ihn hindurch
sah auf eine schlammige wand an der ein sauberer
hut hing
der hut drehte sich nach mir um
was mich lächeln machte
wie meinst du das, fragte er

es ist weil ich so müde bin, verstehst du
er verstand das nicht, er wusste aber auch nicht was
er darauf sagen sollte
aber wenn ein zug käme
ja, sagte ich, wenn ein zug käme
durch den schlamm konnte man beinah den hut nicht
mehr sehen
das machte mich traurig
ich musste an meinen vater denken, der dreißig jahre
in einem schuhladen gearbeitet hatte
plötzlich war das schuhgeschäft weg und er ging
trotzdem immer noch hin
man hatte das ganze haus abgerissen
aber er ging immer noch hin
er war seit ein paar jahren tot und trotzdem war ich
sicher
er ging immer noch hin

*

wollen wir es nicht einfach lassen, fragte ich tina
ich sah durch sie hindurch
der schlamm hatte sich aufgelöst
die wand war wieder sauber
ein altes jugendbild von adolf hitler
hing jetzt dort
der schlamm war weg
nun war hitler da
was meinst du, wollte sie naturgemäß wissen
das lügen, du triffst leute und verabredest sie
für mich
wie gut dass ich diese selbstmordgeschichte
erfunden habe
sonst würde ich jetzt noch mit messer und gabel
an seinem tisch sitzen
er saß, fragte sie, warum saß er, bei mir stand er.
ich weiß nicht ob er bei dir stand, ich lächelte
mit absicht rau und stolz wie eine königin der zum
ersten mal ein zweideutiger witz eingefallen war
er war ganz und gar verlobt in dich
ich brauchte nichts zu sagen
er hatte mir sogar versprochen dass rasiermesser
wegzulegen
ich erinnerte mich an das rasiermesser
es fehlte
ich sehe die dinge immer nur
wenn sie fehlen
ich bin so
man könnte so etwas auch qualitätsjournalismus
nennen
doch wozu?

*

das ist eine lange geschichte
ein schuh wächst nicht auf
er wird betreten
wo zur hölle kommen bloß diese wörter her
auf der fensterbank liegt ein schleier
ich berühre ihn nicht
denn ich habe angst etwas mit ihm zu tun zu haben
ich bin beruhigt als ich paul sehe
er arbeitet in dieser imbissbude
er bringt mein fahrrad wieder in ordnung
er ist in ordnung
wenn er bloß nicht so verliebt in mich wäre
ich war mal mit ihm im kino
er fing an zu weinen
er erzählte mir später
er hätte einen traum gehabt
ein hund verirrt sich im wald
er kann ihn hören
aber er sieht ihn nicht und
selbst wenn er ihn sehen würde
was könnte er schon tun
der hund würde ihn beissen
soviel wusste er
ich sagte
das ist ein guter traum, denn er verletzt dich
wenn dich der traum verletzt
kann es die realität nicht tun
ich wusste, das war nur gerde
wer sagt uns denn
dass die realität nicht teil des traumes ist und
dass sie uns ständig verletzt
weil wir ständig erwachen

paul gibt nicht auf
er will unbedingt mein freund sein
mein mann
er will in der imbissbude arbeiten und
sich glauben machen
er macht das für mich
dumm so durch die stadt zu gehen
überal nur fetzen von sprache
nichts was ausreicht
um zu verstehen
gegen mittag gehe ich suppe essen
manchmal bleibt nichts übrig
dann gehe ich einfach weiter
das leben ist viel einfacher und
zu denken
dass es anders wäre
ist natürlich dumm

*

nichts steht fest
wir laufen
aber wir laufen ja weg
barfuß in den augen der empörten
wir suchen noch
noch suchen wir was
wir wissen nicht
wir schauen uns um
wir wissen nicht genau
draußen blättern die wolken ab
regnerisch beinah
alles beinah
beinah klopft wer vom inneren des fensters
beinah holt jemand luft
sucht etwas ausser der reihe
beinah gelingt es mir
zu ihr zu sagen
dass sie mir auf die nerven geht
dabei geht sie mir nicht auf die nerven
mir geht nur auf die nerven was sie sagt
was sie sagt ist immer dasselbe
was sie sagt ist dass was andere sagen
was andere sagen
sagen andere nur
weil es andere sagen
ich weiß ja bescheid
ich sag es ja auch
uns halten die schritte fest
uns sammeln die geschlossenen hände auf
wir liegen neben den schrecklich netten betten
was wir tun
wir warten ab

*

natürlich hob er seine faust
der kleine revoluzzer
natürlich war er dagegen
gegen die macht
gegen all den unsinn
natürlich kaufte er
der mutter
wäscheklammern
das stand nirgendwo geschrieben
das revoluzzer keine wäscheklammern
kaufen dürfen
für die mutter
ich sah ihn oft im regen stehen
ganz alleine
mit einem transparent in der hand
ein eisiger soldat der sein soldatenhemd
nicht mehr trennt
von sich
starrte ihn an und sagte mir
was für eine witzfigur
vielleicht war es wahr dass er
mir erzählte
wie gerne er den rabarbar hatte
seine mutter machte gelee daraus und
ich fragte ihn
du hast deine mutter wohl ziemlich gerne
er lächelte und schämte sich nicht dafür
warum sollte er sich auch schämen
es kann nicht jeder den dummen beruf
des soldaten in die hand nehmen und
auf leute ballern
die er gar nicht kennt
natürlich schob ich seinen kreideblassen blick

von mir
sein atem war so durchsichtig
seine nähe so gewollt
ich liebte ihn wenn er im käfig saß und
die freiheit wie eine kerze ausblieb
ich mochte mir vorstellen wie er seiner mutter
die wäscheklammer gibt
mit derselben hand mit der er
nach befreiiung ruft
nach befreiiung wonach
er möchte gerne etwas in den mund nehmen
in der hand bewegt sich seine angst
seine not ist ein sturz ohne uniform
er verlangt viel zu viel und
vergräbt viel zu wenig
seine hände zittern
wenn man ihm etwas gibt
aber am morgen kehrt er zurück in den käfig und
fordert seine befreiiung

*

ich bin neu eingezogen
alles ist neu
die alten treppenstufen
die schöne schroffe art guten morgen zu sagen
ich spiel die stumme
ich wohne neben einem pärrchen
sie streiten oft
sie glaubt dass er ständig fremd geht
manchmal steht er vor der türe und
sie lässt ihn nicht rein
er versucht dann sich zu verteidigen oder
er entschuldigt sich
manchmal komme ich gerade von irgendwoher und
höre wie er gegen die türe schlägt
sie ruft ihm zu
er soll abhauen
er hat ne plastiktüte aus den siebzigern in der hand
ich glaube damals gab es die noch umsonst und
er hat so eine
ich nehme an von seinem dad
er soll sie in ehren halten, das stelle ich mir vor und
dann gehe ich an ihm vorbei und will
die türe öffnen ohne dass er mich bemerkt
er kennt mich noch nicht und deshalb sagt er
entschuldigen sie, wir haben gerade einen streit
ich verstehe sie nicht, sage ich.
warum verstehen sie mich nicht, meint er.
er schaut mich böse an.
lass sie in ruhe ruft die frau, sie ist taub.
taub, sagt er, er nimmt das wort in den mund

als müsste man es abwiegen und wenn es zu schwer
ist
schnell weg damit
taub sie versteht dich nicht, lass sie in ruhe…
wie lange sind sie denn schon taub, möchte er
wissen
ob er merkt dass ich es nicht bin
aber ich gäbe doch keine antwort
ich betrachte ihn nicht mal
lass sie, sie ist taub, sie gefällt dir wohl, eine taube
hattest du noch nicht oder, aber wehe du fasst sie
an,
sie ist taub
ja ich bin taub, möchte ich sagen und ich versuche
auch erst gar nicht irgendetwas zu verstehen
ich öffne die türe und gehe hinein
er sieht mir nach
demnächst lade ich sie zum kaffee ein
ich rede mit ihr und frag sie
wie ich die plastiktüte von ihm kriegen könnte
ohne dass er es merkt

*

wir sitzen unter dem denkmal des
durstigen rheinländers und tina fragt
mich
woher ich die socken habe
die in der tasche liegen
sie glaubt aber nicht ernsthaft
dass ich darüber auskunft gebe
trotzdem tue ich es
ich sag
die habe ich dem barhocker geklaut
kennst du den
sie schüttelt den kopf
natürlich kennt sie ihn
dass ist doch der, sagt sie
der mit falschem pass durch
die halbe welt reist
richtig, denke ich und den rest
geht er so ab
er ist mit drei frauen verheiratet
die ihn alle zum gähnen finden
ich habe ihn mal umarmt, sagt tina
sie meint
sie habe mit ihm geschlafen
wahrscheinlich in einen dieser viertel
in der man mit niemanden schlafen
kann
außer mit martin luther
aber der verkehrt hier nicht
ein paar güterwaggons fahren an
uns vorbei
eine ganze menge neue autos
neue autos die vom leben

noch keine ahnung haben
die vom leben nie eine ahnung bekommen werden
denn kaum existieren sie
setzt man sie der strasse aus
ich weiß schon, sagt sie, er
schreibt gedächtnisbriefe an sich selber
damit er versteht
worum es geht
aber ich habe nur gezittert
in seiner nähe
ich frage sie nicht
warum sie gezittert hat
sie weiß es und sagt
ich bringe ihn eines tages um
ich bringe ihn um
weil ich in seinem gesicht
nichts gesehen habe
weder abscheu
noch liebe
einfach nichts
aber dann sagt sie
wahrscheinlich bringe ich ihn
nicht um
warum soll ich ihn umbringen
ich habe doch nichts gegen ihn
ich lächle
die socken in der tüte
stehen eigentlich ihr zu
um dass zu vergessen
sage ich
er schreibt mir
dass er mich aus dem gedächtnis
streichen will
er schreibt

dass ich narben hinterlasse
wo immer ich bin
er sagt
er begreife mich nicht
es ist komisch
dass er mich so gut kennt
oder
einer der ständig wissen will
wie man vergessen kann
erinnert sich daran
wie ich ihm alles stehle
selbst seinen trost
habe ich ihn gestohlen
versuch es mal
ihn zu trösten
er wird dich nur anstarren und
sich fragen
wo ich bin

*

hast du mal ne kippe, fragt er
der künstler hat das zittern erfunden
er spürt es im nachhall
es treibt ihn immer wieder fort

er wartet auf das übersinnliche
er ist seine eigene chefetage
er vergisst
er zeichnet das vergessen

er ist mit nichts fertig geworden
er bleibt auf seiner kunst sitzen
so hockt er da
bettelarm
aber einen kredit vom land hessen

den zahlt er nicht ab
ich weiß es
er zieht einfach in das saarland und
macht dort weiter

*

oben ist ein komisches wort
für manche heisst es
zukunft
das ist oben für sie
manchmal ist ob so weit
so nah
zu nichts zu gebrauchen
du hängst davon ab
es ist in deinem gesicht
du erträgst die alten nächte
nur durch das wissen
das oben
jemand existiert
oben ist nichts
es ist nichts möglich
es ist die art wie du wegsiehst
das begreift
oben
wer oben ist
kann nach unten schauen
aber was er sieht
bedeckt sein gesicht
solange
bis es friert

*

geh zur hölle mit deinen liebeslieder
sage ich
warum schreie ich nicht
weil ich sonst
romeo und juliet der dire straits verpasse
kein geräusch mehr sonst
nur noch atmen
hey sieh mal
julia
dein boyfriend ist da
er kloppt da was raus
ich denke
da solltest du zuhören
wenn worte auch nach dem zwanzigsten mal
noch nicht mechanisch klingen
muss es verzückung sein
you and me babe how but it
in den ewigen sätzen stehen die strassen still
still wie das reden
nie wie das verstummen
es ist der fernste blick
geh zur hölle mit deinen schritten
nach vorne oder zurück
was sonst noch
hey dein kopffreund ist da
er hat diese ehrliche haut
du weißt es doch
es ist wie im film
wie aus dem gedächtnis geschrieben
du winkst
aber keine hat je zurückgesehen
so viel tiefen

so viel was man nicht versteht
das begreifen geht
das begreifen fällt
es stürzt ab und kommt nie wieder

*

gib dir keine mühe, sagt er
mühe, frage ich, ich gäbe mir keine mühe
das sollst du auch nicht, wer ist das
er zeigt auf tina
tina ist niemand, bedeutungslos, eine frau
die von einem zoo voller ausgestorbener
berufe träumt
sie ist hübsch, sagt er, man möchte von
ihr träumen, darf ich von ihr träumen, wenn
du mit mir schläfst..
ich krame in seinem bücherregal
du hast so viel bücher, sage ich, aber
nur ein thema im kopf
früher gabs mehr, sagt er, die strassenkämpfe
immer war man in bewegung, wenn einer
im knast war, haben wir ein komitee gegründet, ich
war in 54 komitees, wir haben immer sachen
beschlossen…
ich schau ihn an, warum fragst du sie nicht,
ob sie mit dir schläft…
weil ich mit dir schlafen will, sagt er, aber was
ich will ist unerheblich, auf dich kommt es an, wenn
du nicht willst mag ich auch nicht….
das glaube ich ihm nicht, er will mit mir schlafen
und er will dabei an tina denken…
seit einiger zeit laufe ich mit ihr durchs
niemandsland, es
ist ein kurzer streifen zwischen stadt und landkreis,
wir
gehen da entlang und fühlen uns frei, es ist komisch,
der
raum ist so eingeengt und trotzdem….

es muss sichtbar sein, meint er, er schaut aus dem
fenster,
tina schaut zu ihm hoch, das mag er, das kann ich
spüren, vielleicht lächelt sie noch und er denkt, sie
meint
ihn, aber sie meint ihn nicht, sie meint niemanden,
sie
lächelt ins ungewisse
genau wie ich
wir verteilen handzettel, das tun wir
später
tina, der mann und ich
auf den zetteln steht nichts
es ist die wahrheit, sagt der mann und rückt
seine mütze zurecht, er möchte irgendwie
gefährlich aussehen
ich behalt die beiden im auge, ich würde es
mögen wenn sie sich paaren,
das ist eine angenehme art, sich selbst zu
betrachten
tina kommt zu mir
wir haben das alles nur erfunden, sagt sie
dieser mann existiert nicht, auch die
flugblätter nicht
aber seine vergangenheit, sage ich, die existiert
später einmal